I0820707

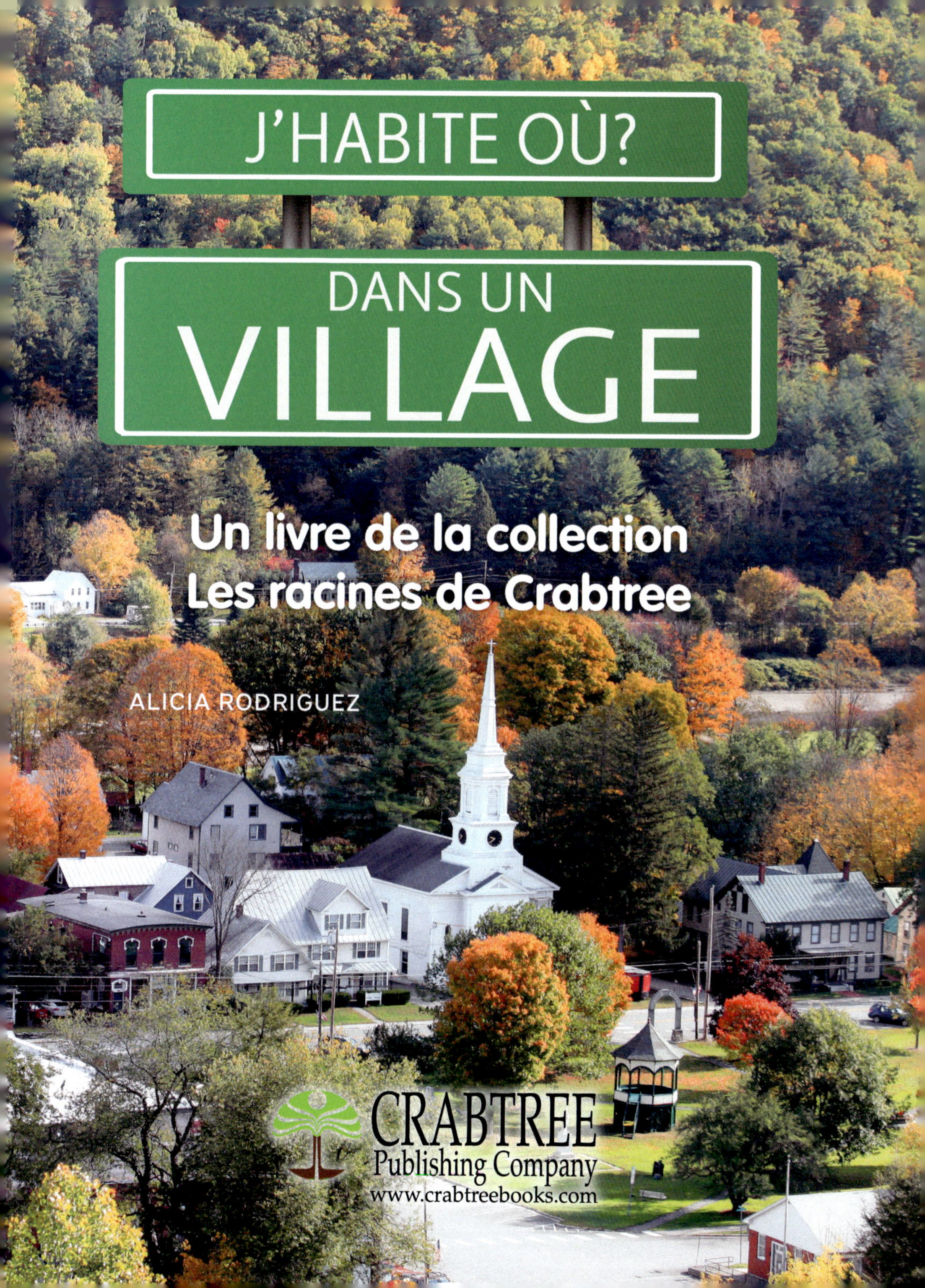

J'HABITE OÙ?
DANS UN
VILLAGE
Un livre de la collection
Les racines de Crabtree
ALICIA RODRIGUEZ
CRABTREE
Publishing Company
www.crabtreebooks.com

Soutien de l'école à la maison pour les parents, les gardiens et les enseignants

Ce livre aide les enfants à se développer grâce à la pratique de la lecture. Voici quelques exemples de questions pour aider le lecteur ou la lectrice à développer ses capacités de compréhension. Les suggestions de réponses sont indiquées en rouge.

Avant la lecture

- De quoi ce livre parle-t-il?
  - *Je pense que ce livre parle des villages.*
  - *Je pense que ce livre parle de ce qu'on peut trouver dans un village.*
- Qu'est-ce que je veux apprendre sur ce sujet?
  - *Je veux savoir de quelle taille peut être un village.*
  - *Je veux savoir à quoi ressemble un village.*

Pendant la lecture

- Je me demande pourquoi...
  - *Je me demande quelle est la différence entre un village et une ville.*
  - *Je me demande si un village a son propre gouvernement.*
- Qu'est-ce que j'ai appris jusqu'à présent?
  - *J'ai appris que le maire est le dirigeant d'un village.*
  - *J'ai appris qu'il peut y avoir des maisons, des écoles et des magasins dans les villages.*

Après la lecture

- Nomme quelques détails que tu as retenus.
  - *J'ai appris que la plupart des villages ont un hôtel de ville.*
  - *J'ai appris qu'il y a un petit nombre de personnes qui habitent dans la plupart des village.*
- Lis le livre à nouveau et cherche les mots de vocabulaire.
  - *Je vois le mot **rue** à la page 4 et le mot **maire** à la page 6. Les autres mots de vocabulaire se trouvent à la page 14.*

J'habite dans
un **village**.

Il y a une **rue** principale.

On y trouve des **magasins**.

Le **maire** est le dirigeant.

Il travaille à
l'**hôtel de ville**.

Mon école est
dans mon village.

Il y a aussi une **caserne de pompiers.**

18 SQUAD CO. 18
SQUAD 18

J’aime mon village.

NO TURN ON RED
PACK 181
IRONVILLE UMC
WEST HEMPFIELD

Liste de mots

Mots courants

à	est	il y a	travaille
aussi	habite	le	trouve
dans	il	mon	un

La boîte à mots

caserne de pompiers

hôtel de ville

magasins

maire

rue

village

43 mots

J'habite dans un **village**.

Il y a une **rue** principale.

On y trouve des **magasins**.

Le **maire** est le dirigeant.

Il travaille à l'**hôtel de ville**.

Mon école est dans mon village.

Il y a aussi une **caserne de pompiers**.

J'aime mon village.

Autrice : Alicia Rodriguez
Conception : Rhea Wallace
Développement de la série :
James Earley
Correctrice : Janine Deschenes
Conseils pédagogiques :
Marie Lemke M.Ed.
Traduction : Annie Evearts
Coordinatrice à l'impression :
Katherine Berti
Références photographiques :
Shutterstock : Roberto Galan : couverture; George Sheldon : p. 1; Sean Pavone : p. 3, 14; Marekuliasz : p. 4-5, 14; Page Light Studios : p. 6, 8, 14; Bob LoCicero : p. 7, 14; JJFara : p. 11, 14

Crabtree Publishing Company

www.crabtreebooks.com 1-800-387-7650

Publié aux États-Unis
Crabtree Publishing
347 Fifth Avenue
Suite 1402-145
New York, NY, 10016

Publié au Canada
Crabtree Publishing
616 Welland Ave.
St. Catharines, Ontario
L2M 5V6

Imprimé au Canada/062021/CPC

Catalogage avant publication de Bibliothèque et Archives Canada

Titre: Dans un village / Alicia Rodriguez ; texte français d'Annie Evearts.
Autres titres: Town. Français.
Noms: Rodriguez, Alicia, auteur.
Description: Mention de collection: J'habite où? | Les racines de Crabtree | Traduction de : Town. | Comprend un index.
Identifiants: Canadiana (livre imprimé) 20210282606 | Canadiana (livre numérique) 20210282622 | ISBN 9781039607323 (couverture souple) | ISBN 9781039607385 (HTML) | ISBN 9781039607446 (EPUB) | ISBN 9781039607507 (livre numérique avec narration)
Vedettes-matière: RVM: Vie urbaine—Ouvrages pour la jeunesse. | RVMGF: Documents pour la jeunesse.
Classification: LCC HT152 .R6414 2022 | CDD j307.76/3—dc23